Jorge Francisco Agüero del Río

NUESTRA MEMORIA FOTOGRÁFICA

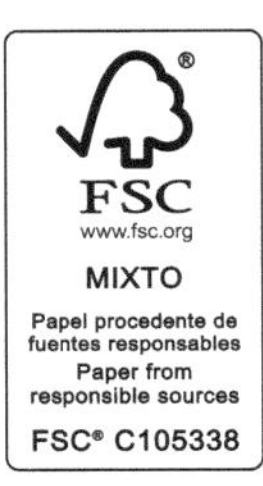

Impresión y editorial: BoD – Books on Demand
info@bod.com.es - www. bod.com.es
Impreso en Alemania – Printed in Germany

ISBN: 9788411231558

D.L. TO 25-2022

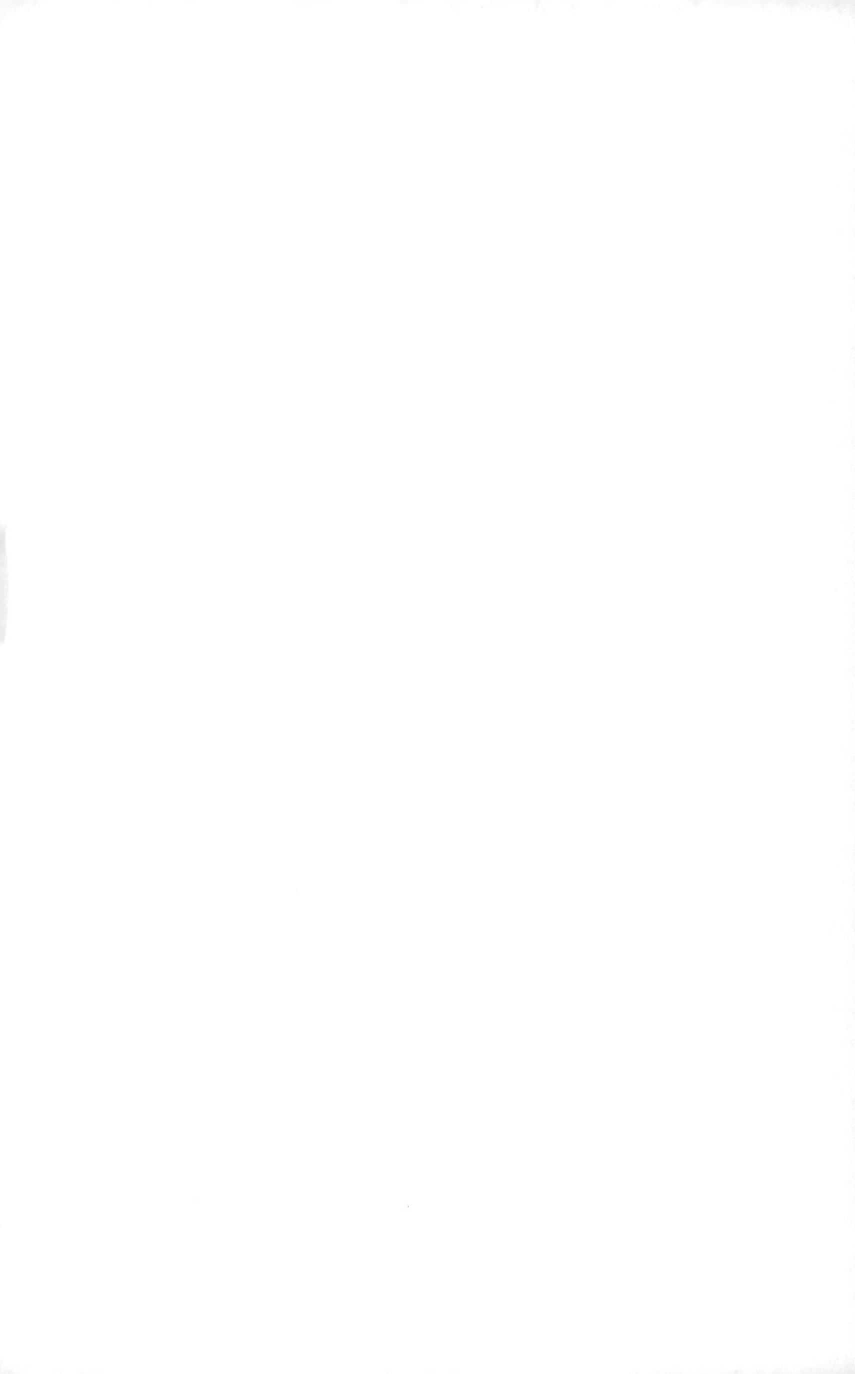

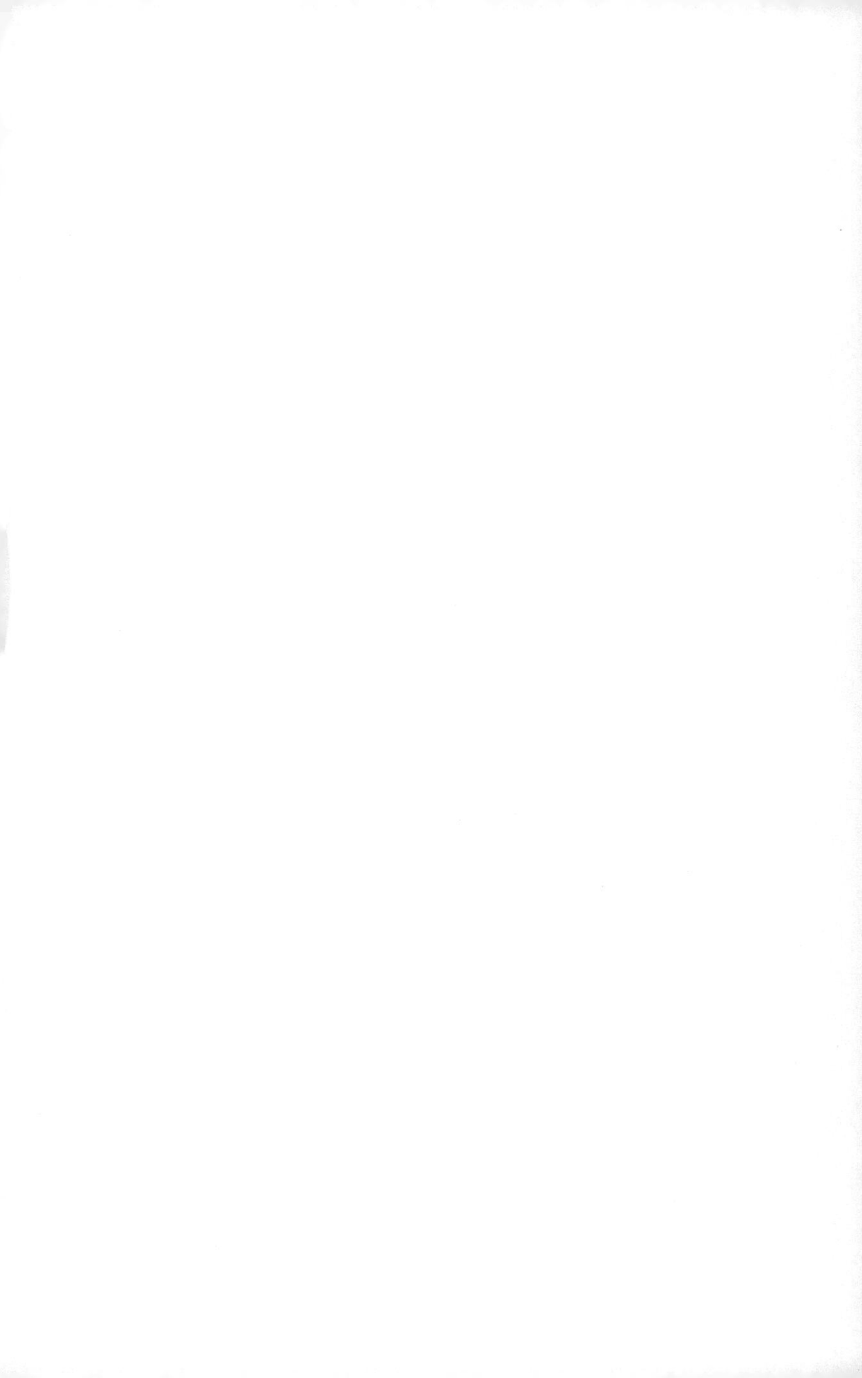

Índice

Introducción.

En este foto-libro recorreremos una selección de fotografías en blanco y negro realizadas por Jiaaguerophoto. Esta selección de fotografías ha sido realizada por el autor pensando principalmente en los recuerdos que le provocan.

No debemos olvidar que una fotografía no es un simple papel o una serie de bit. Una fotografía es historia inmortalizada momentos, imágenes , sensaciones incluso son nuestra memoria del futuro.

Para poder conocer un poco mejor porqué ha seleccionado estas XXV fotografías hay que tener en cuenta que Jorge es un aficionado a la historia , a la arqueología y a la fotografía. En su primer libro ha decidido revisar unos cuantos miles de fotografías, valorando lo que le traían a su memoria y decidiendo si les hacía un hueco en esta primera selección que realizaba. La toma de decisión se realizó en un ejercicio memorístico, poniendo por encima el recuerdo o el sentimiento a la calidad o al arte que pudiera reflejarse en las fotografías que encontraba en sus tarjetas de memoria, queriendo de esta manera, hacer una copia de seguridad de la copia de su memoria, pasando a papel lo que tenía en formato digital.

El origen de la fotografía es relativamente reciente en nuestra historia depende a quien le consultes te dirá que fue en 1826 o en 1839. La verdad que como ya he mencionado es relativamente reciente pero, los inicios de la fotografía se remontan a cinco siglos antes de nuestra era ya que, de esa época se conservan descripciones de varios autores de lo que sería una cámara oscura. Con este pequeño dato, lo que quiero explicar es que desde antaño se ha buscado la manera de capturar momentos gráficamente. Todos conocemos los dibujos y cuadros pero el origen de estas técnicas es muy antiguo, habría que remontarse a la prehistoria con las pinturas rupestres. Otra forma gráfica que no es tan conocida serían los petroglifos que son los tallados en roca por nuestros antiguos vamos en otra palabras, podría ser el origen de las esculturas en roca, aunque no de todas ya que, en la edad de los metales se empezaron a crear ídolos metálicos aunque anteriores a estos ya los había de piedra.

Con esto, quiero decir que desde la antigüedad el ser humano ha sentido la necesidad de documentar lo que vivía y veía por lo tanto, hoy en día nosotros tenemos la oportunidad de documentar gráficamente nuestra vida y nuestro entorno. ¡¡No la desaprovechemos!!

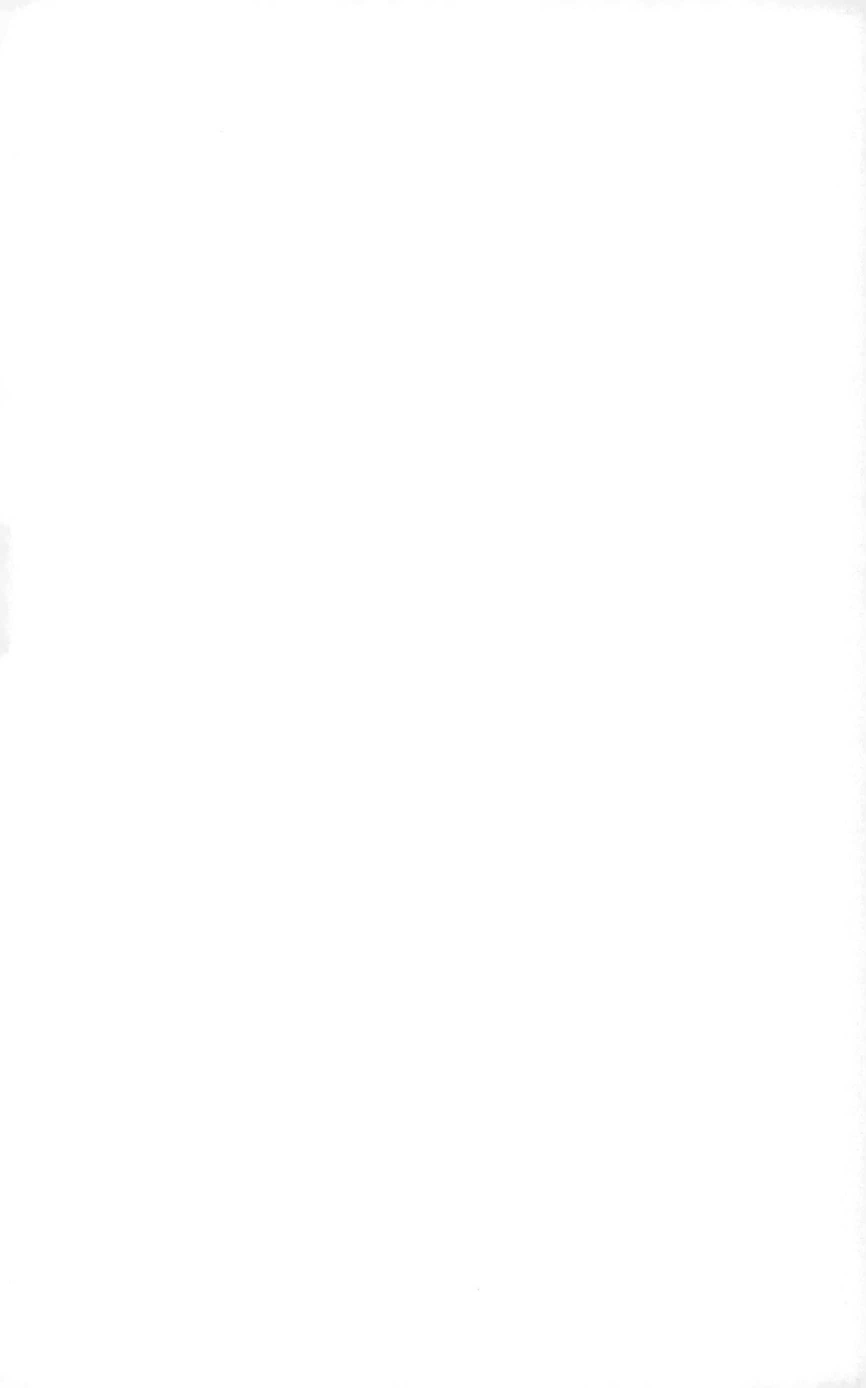

Carta del autor.

Si estáis leyendo estas líneas en primer lugar agradecer que me dediquéis una parte de lo más valioso de vuestra vida, vuestro tiempo ya que, el tiempo que estáis perdiendo en ver mi memoria y mis puntos de vista captados por mi objetivo es un tiempo que no recuperareis en la vida.

Llegados a este punto a las personas que consideran que pierden su tiempo con este libro les invito a cerrarlo.

A los que piensen que están invirtiendo su tiempo les invito a entrar en mi mente y en mis recuerdos esperando que no pierdan su inversión. Ya sabéis, cuando alguien invierte puede ganar o perder en este caso espero que todos ganéis un poquito de memoria y que comencéis a ver las fotografías de otra forma.

Os diré como yo las veo pero, no lo olvidéis, es solo una humilde opinión tan válida y valiosa como la de cualquier otra persona ya que la diversidad y el respeto por la misma es lo que da valor a nuestro entorno.

Cuando yo decido comenzar a poner a vuestra disposición mis notas , mis fotografías ,mis videos, mis exposiciones y mis sentimientos es para compartir mi memoria con ustedes porque, mientras mi memoria siga viva yo seré inmortal.

En este momento dirán ¡Dios, que creído! inmortal mientras se mantengan sus memorias. Pero, no soy un creído. Solo soy un simple plagiador de ideas ya que, por poner un ejemplo los faraones egipcios pensaban que mientras se hablase de ellos no morirían y la verdad que tenían razón. ¿Cuantas personas conocen hoy en día a Tutankamón?.

Lo veis, su memoria es inmortal o al menos, a día de doy sigue viva y ¿cómo lo logró? dejando objetos , imágenes ,escritos ...

Gracias a esa teoría de salvar su memoria en la actualidad conocemos tanto de la civilización egipcia, no sabría decir cuánto más que de otras civilizaciones contemporáneas pero muchísimo más. Y ese conocimiento no solo se mantiene entre la gente de Egipto sino que ha alcanzado a las personas de todo el universo.

Otro ejemplo sería preguntar por Recadero entre los jóvenes toledanos y me dirán que es una de las zonas de botellón de Toledo, desconociendo que fue un rey visigodo muy importante para la ciudad de Toledo. Por cosas así junto con mi curiosidad y mis ansias de conocer que me invitan a compartir mis indagaciones , mis conocimientos , mis puntos de vista y por lo tanto mi memoria ya sea en el canal de YouTube o en el blog de Archeology World , con las fotografías , videos y como ahora con este primer libro. Es principalmente por dos motivos, el primero compartir con las personas actuales y futuras mis vivencias y mi humilde punto de vista de mi entorno y de nuestro pasado para que otras personas puedan sacar sus propias conclusiones y estudios, poniendo mi granito de arena en que en un futuro se escriba nuestra historia y el otro motivo es porque si algún día pierdo mi memoria la gente de mi entorno pueda mostrarme mi copia de seguridad de una parte de mi memoria , mis notas , mis imágenes ...

Como me atrevo a decir ayudar a escribir la historia pues, muy sencillo pondré varios ejemplos. El primero esta carta que se está escribiendo el día 25 de enero del año 2022. La estoy escribiendo siendo positivo y no solo lo digo pensando en un futuro con las tensiones militares que hay en Ucrania estando a las puertas de lo que puede ser la tercera guerra mundial ya que en este momento también soy positivo en covid-19, esa terrible pandemia que nos azota desde finales de 2019 principios de 2020. Lo importante es que nuestras vivencias son parte de la historia, nuestro paso por la vida está marcado por el destino y todos estamos destinados a vivir un fragmento de la historia y a ser protagonistas ya sea con nombre o sin él. Todos somos parte de la historia y todos colaboramos con ella.

Con estas líneas que estás leyendo estás colaborando con la historia y con la conservación de la misma. Tú y yo somos unos simples anónimos pero tu libro, el que tienes en tus manos, ese que terminará en el desván y que pasado un puñado de años un descendiente tuyo en sus manos tendrá, en ese momento, la función del libro cambiará por la de una cápsula del tiempo porque, yo en este libro dejo dos datos históricos que en este momento son presente, la permanencia de la pandemia y las tensiones que hay en la frontera de Ucrania temiéndose la tercera guerra mundial, acompañado todo ello de una serie de fotografías en blanco y negro para que sean coloreadas con los ojos del que las mira. Cuando avances en este libro verás que las fotografías están huérfanas, a su izquierda tienen una página en blanco.

Yo pongo la imagen para esa persona que en un futuro tenga tu libro en sus manos pero, me gustaría que tu escribas tu memoria de tu puño y letra a la izquierda de cada fotografía, que pongas si conoces el lugar , si te gustaría conocerlo, si te trae algún recuerdo.... Yo personalmente si pondré mis manuscritos a la izquierda de cada fotografía en mi libro pensando en esa persona anónima que en el futuro pueda tener el libro en sus manos y, quien sabe si tal vez esa persona pueda ser yo mismo con mis manos arrugadas con la mirada perdida hacia las fotografías, con una sonrisa en los labios sin que ninguno de los presentes en esa hipotética escena sepan si estoy recuperando por momentos la memoria.

I. Puerta de Alcalá (Madrid)

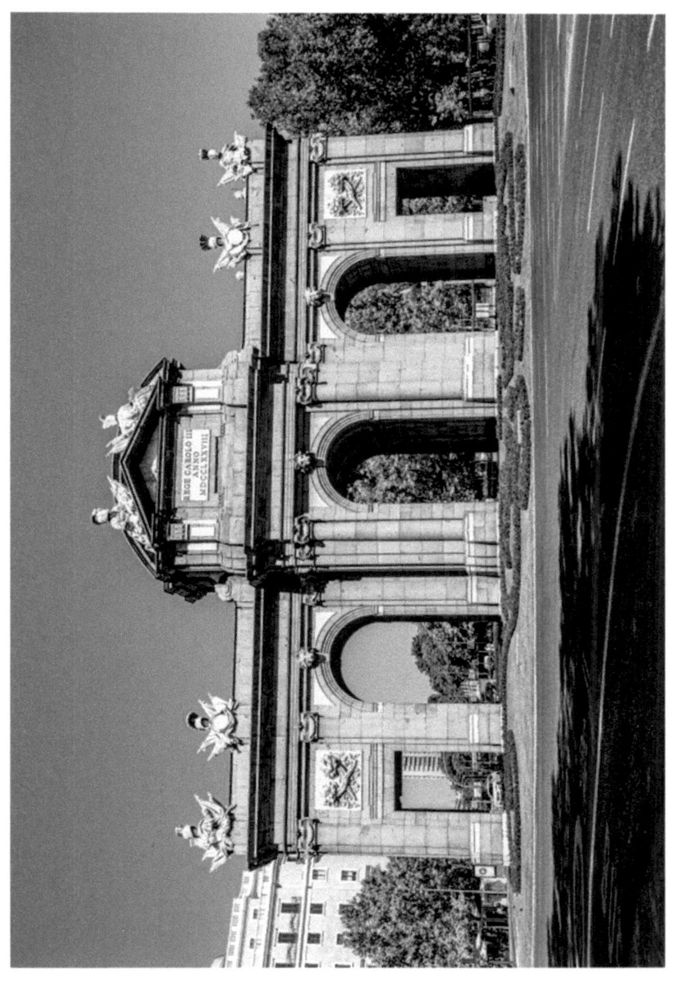

II. Puentes en Orense (Galicia).

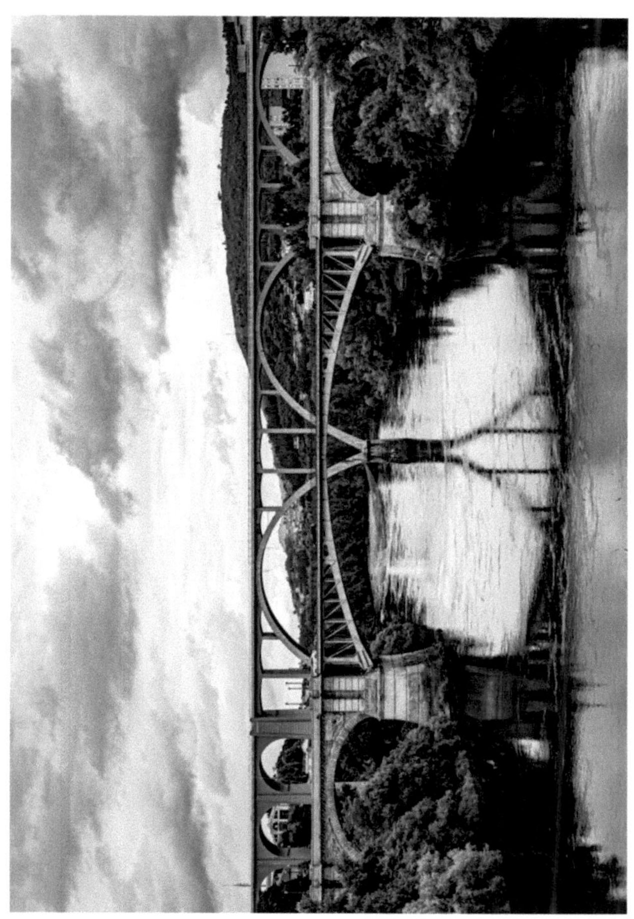

III. Castillo de Arévalo (Castilla y León).

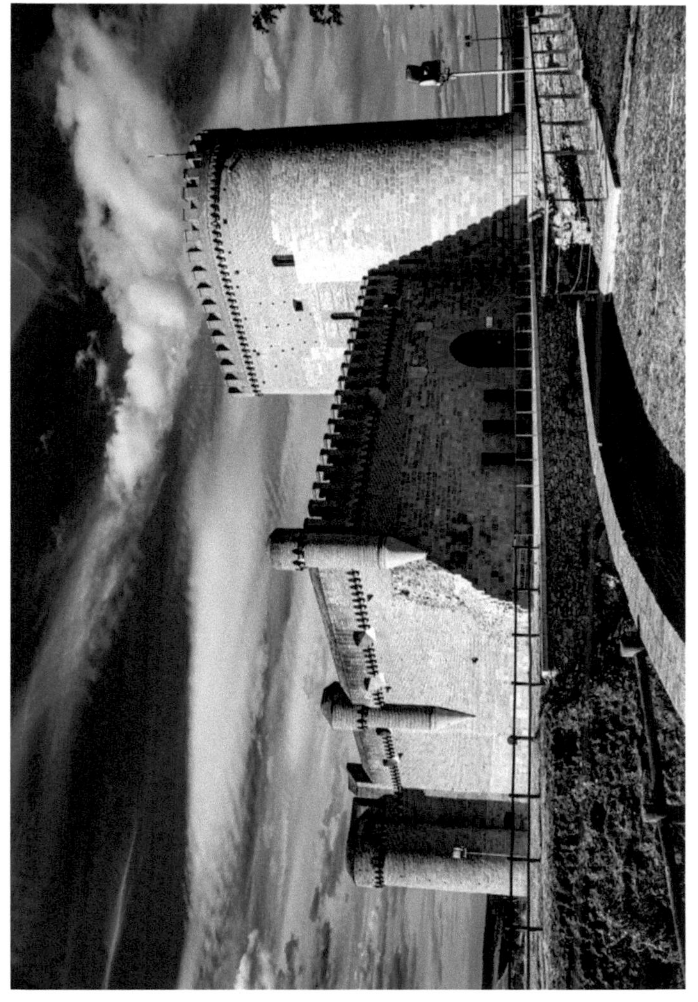

IV. Molinos de viento (Castilla - La Mancha).

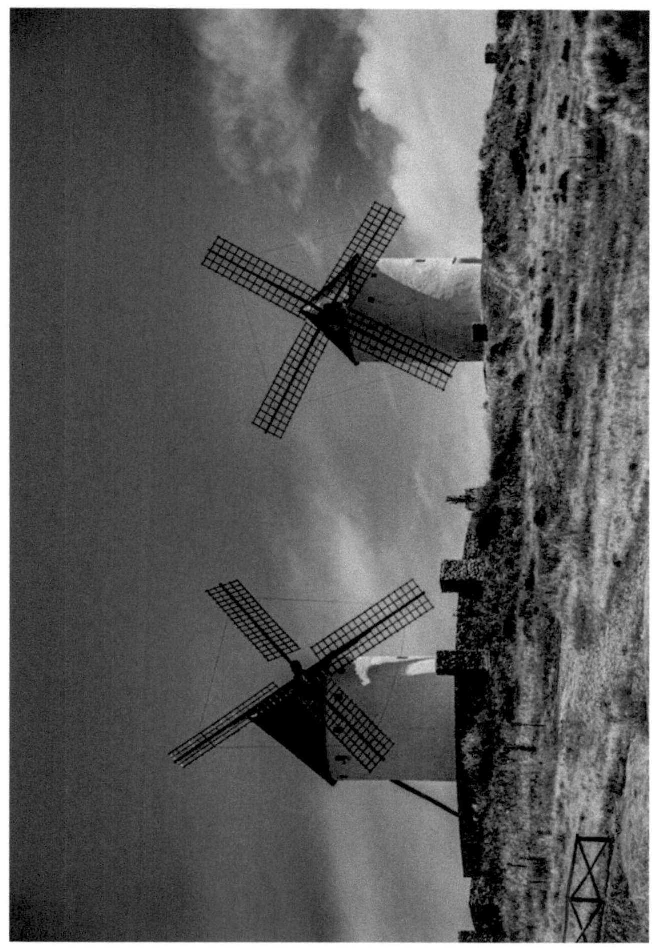

V. Monasterio de Santo Estevo (Galicia).

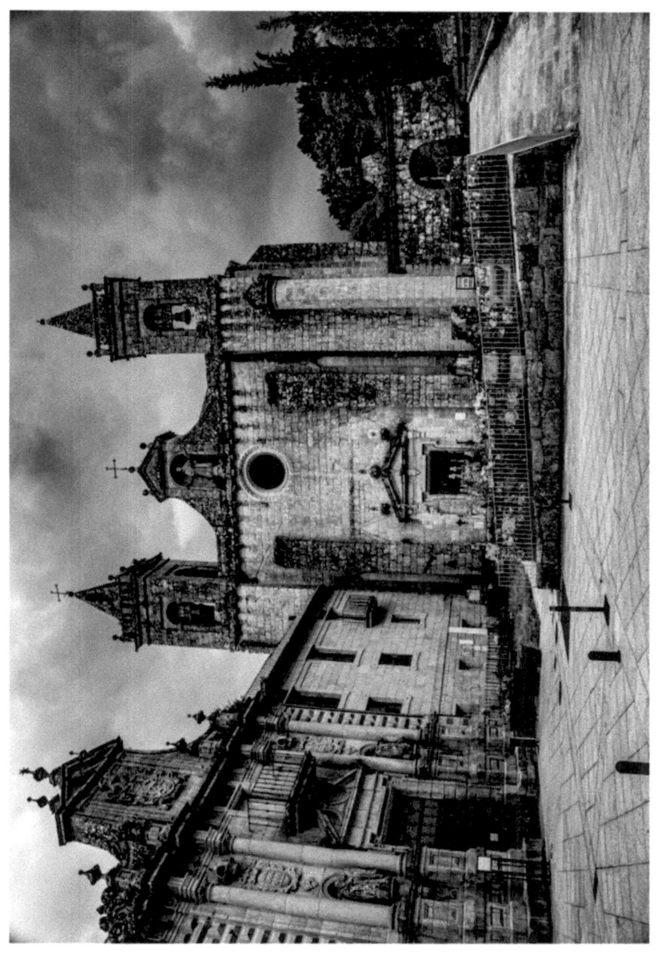

VI. Iglesia de San Benito (Galicia).

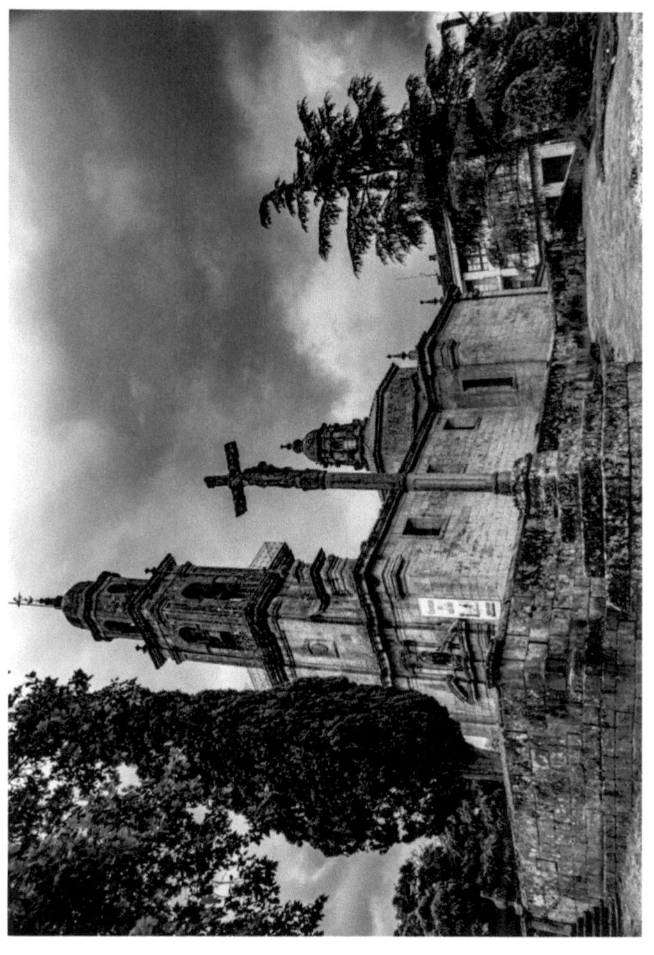

VII. Castillo de Guadamur (Castilla - La Mancha).

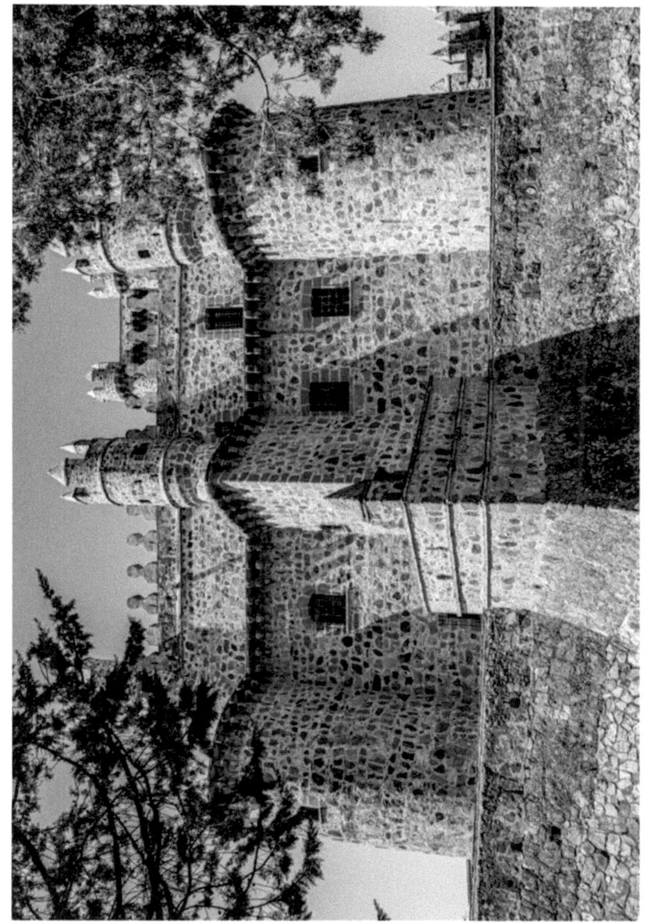

VIII. Iglesia San Pedro Apóstol (Extremadura).

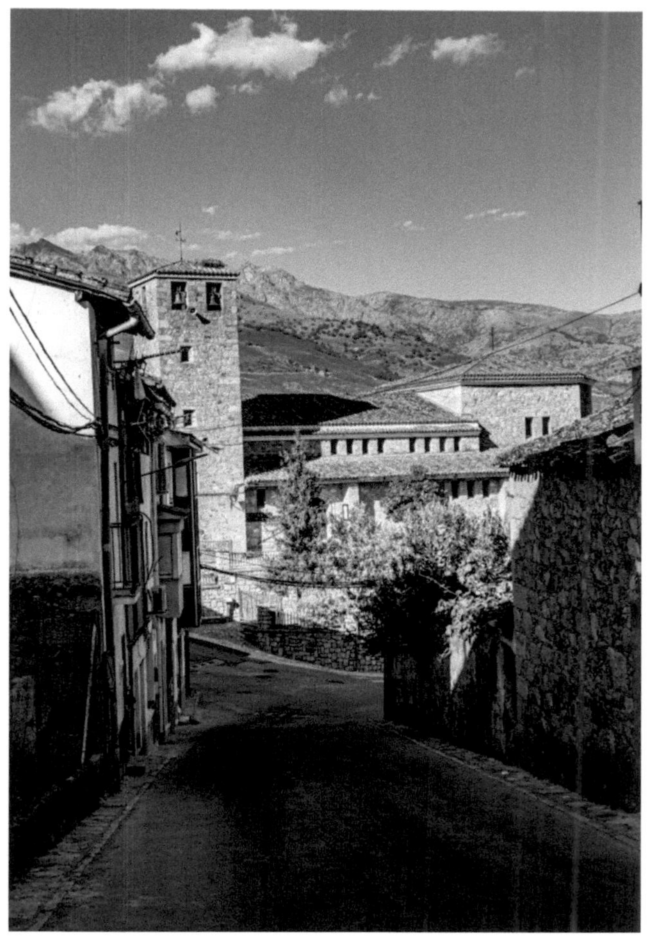

IX. Fortaleza de Valença (Portugal).

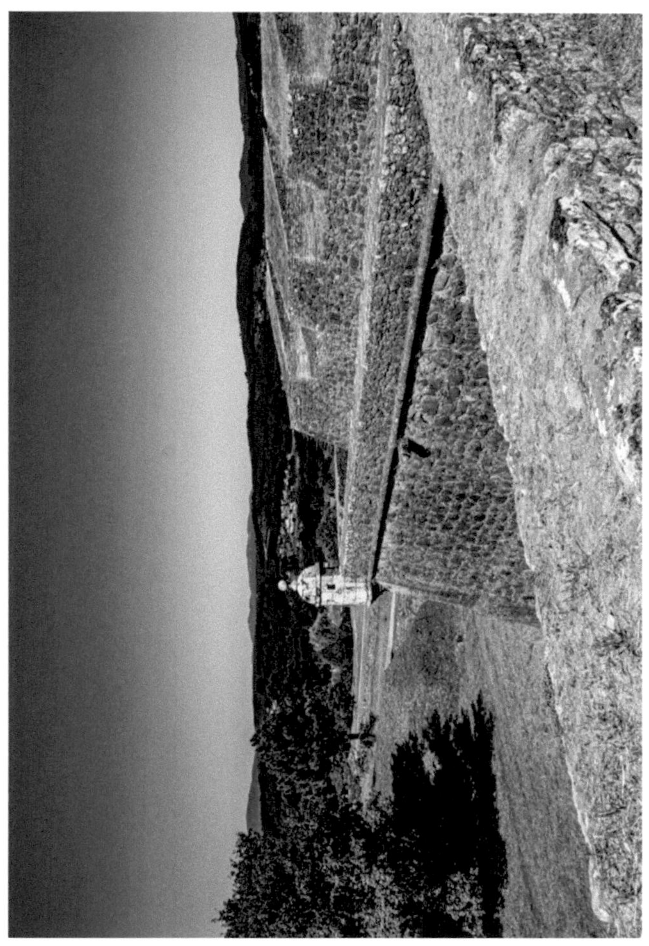

X. Campanario de Mombuey (Castilla y León).

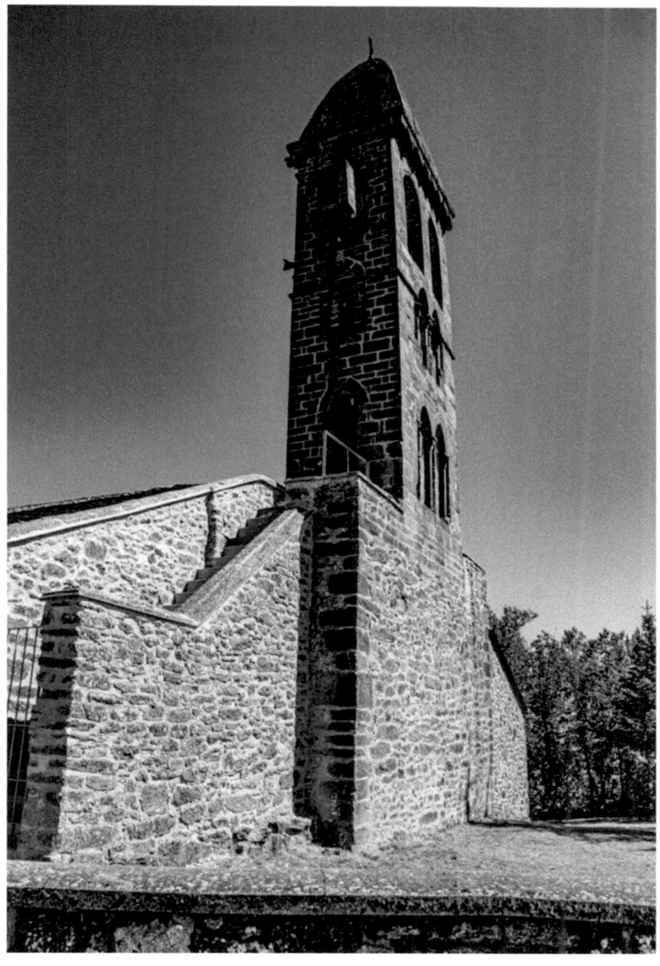

XI. Hórreo (Galicia).

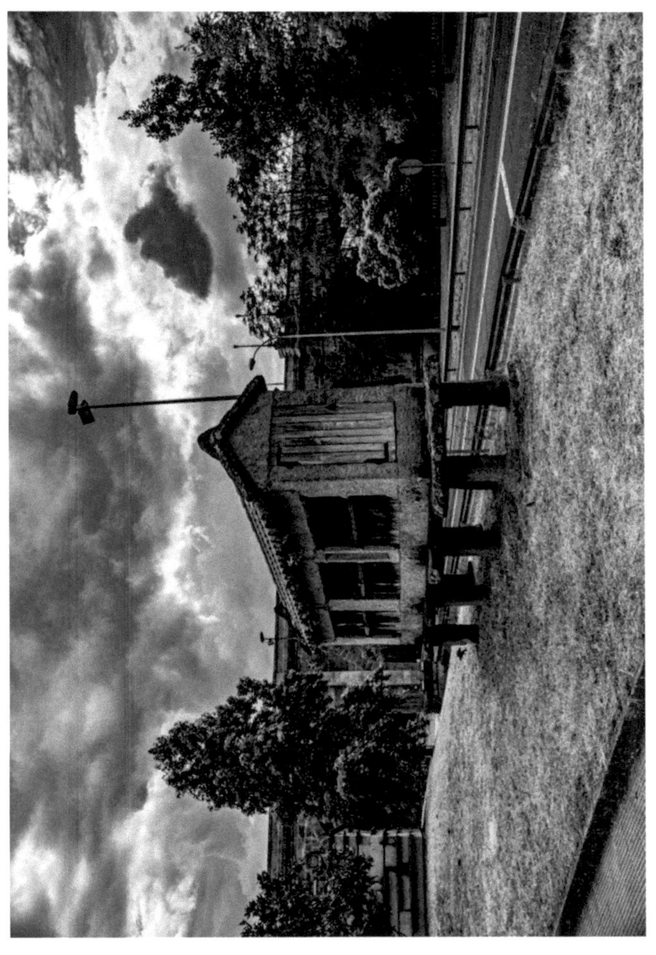

XII. Ruinas de Ribadelago (Castilla y León).

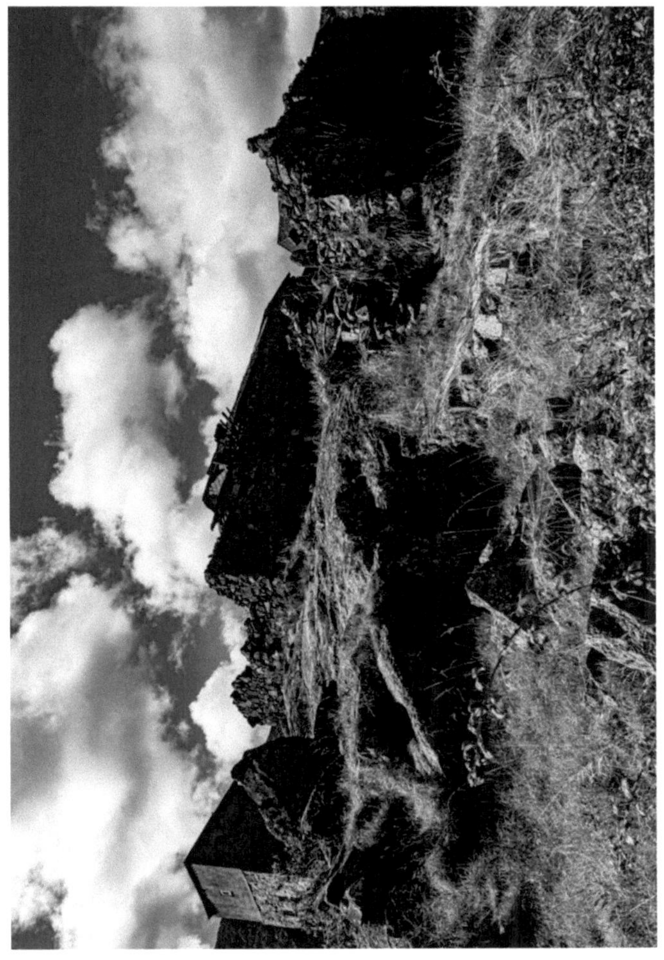

XIII. Castillo de la Alameda (Madrid).

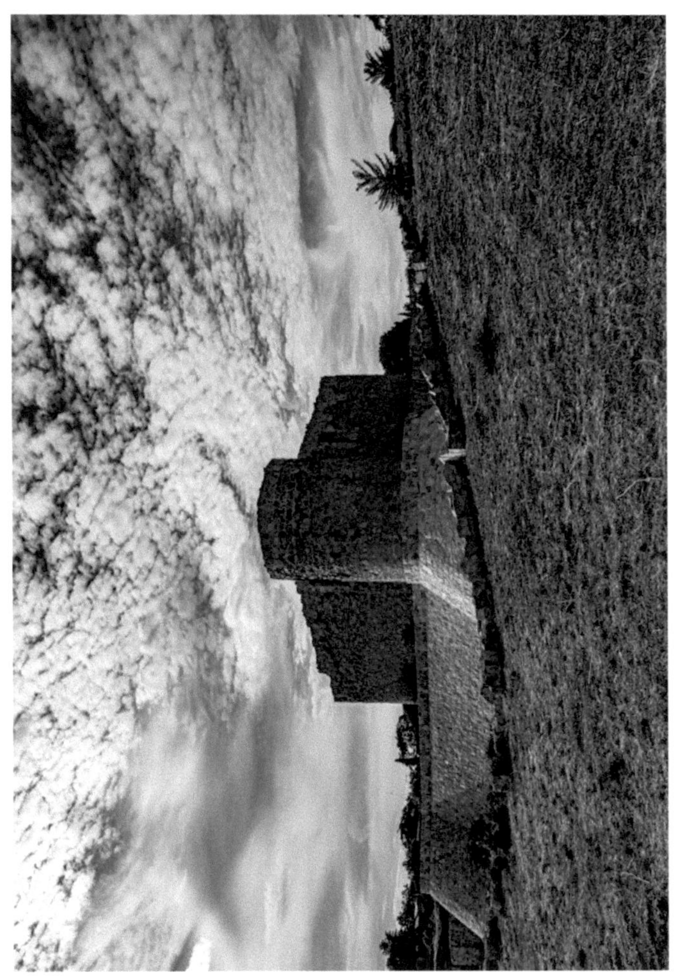

XIV. Templo Diana (Extremadura).

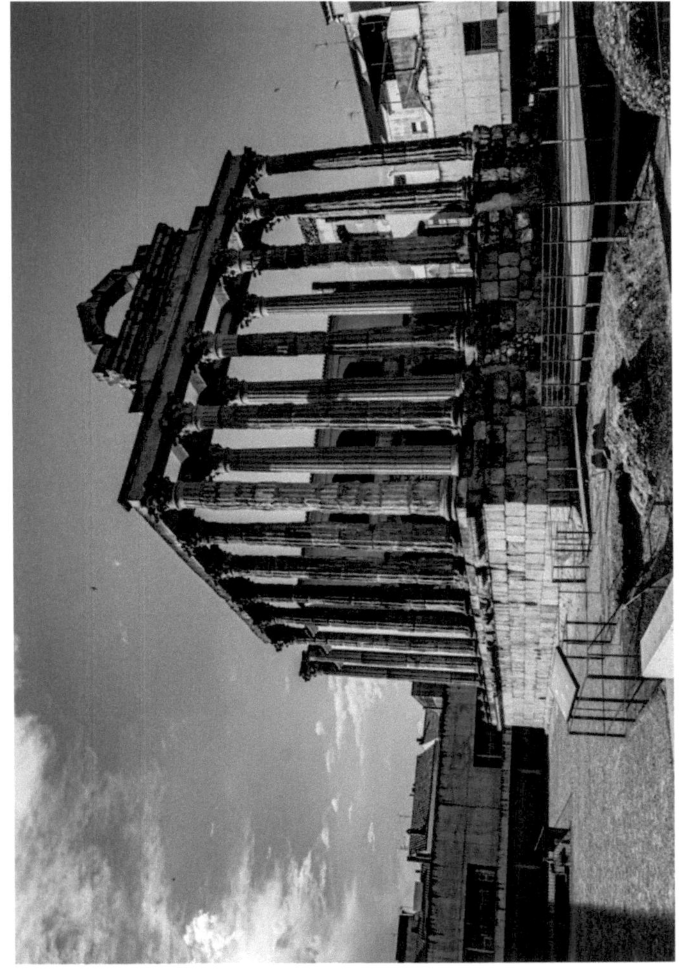

XV. Santa María de Melque (Castilla - La Mancha).

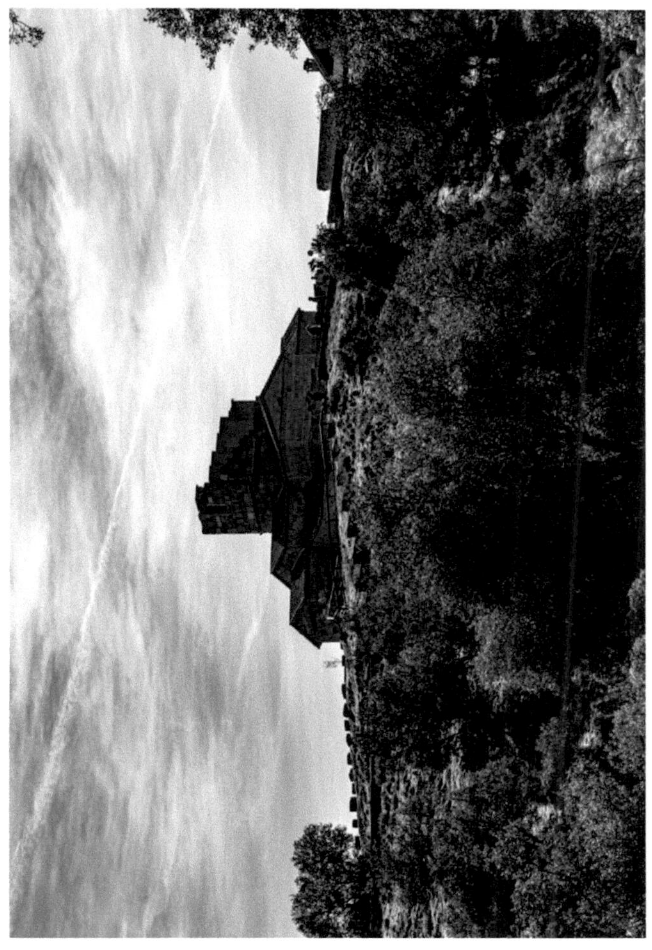

XVI. Panorámica Ávila (Castilla y León).

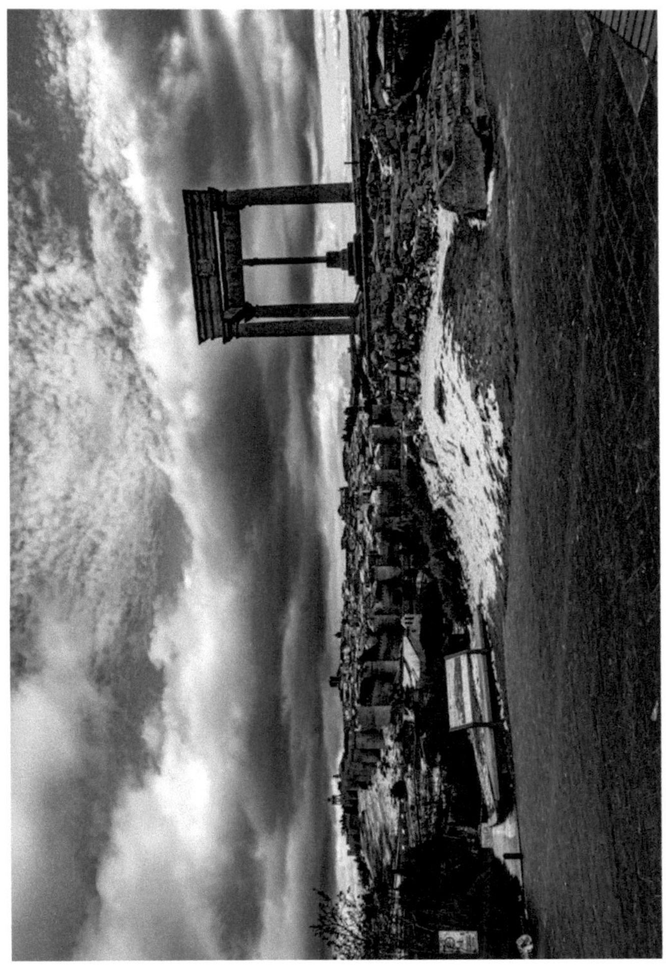

XVII. Puerta Bisagra (Castilla - La Mancha).

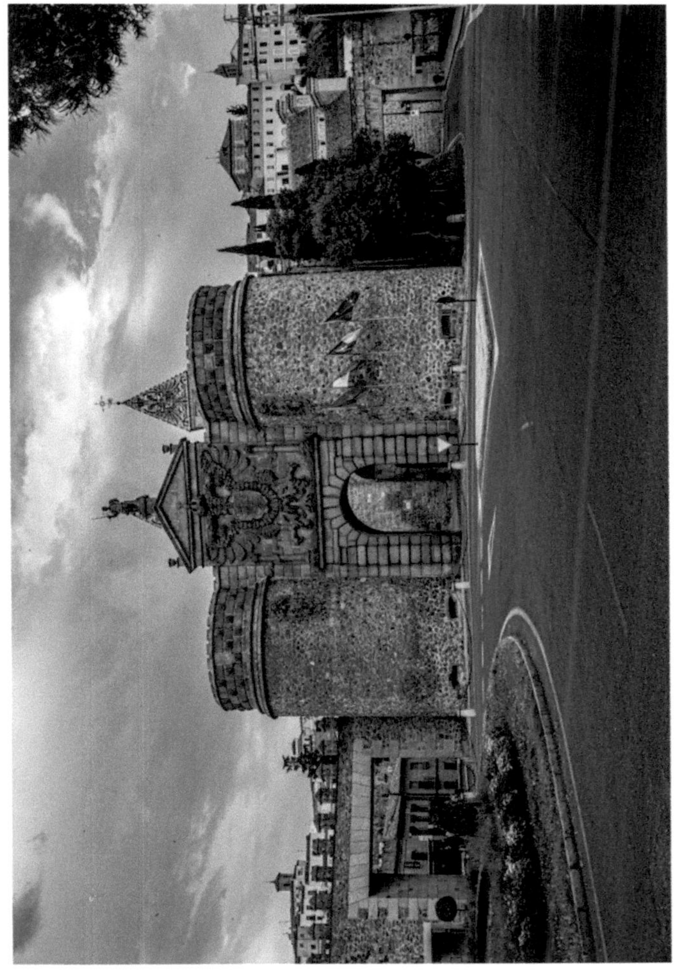

XVIII. Acueducto de los Milagros (Extremadura)

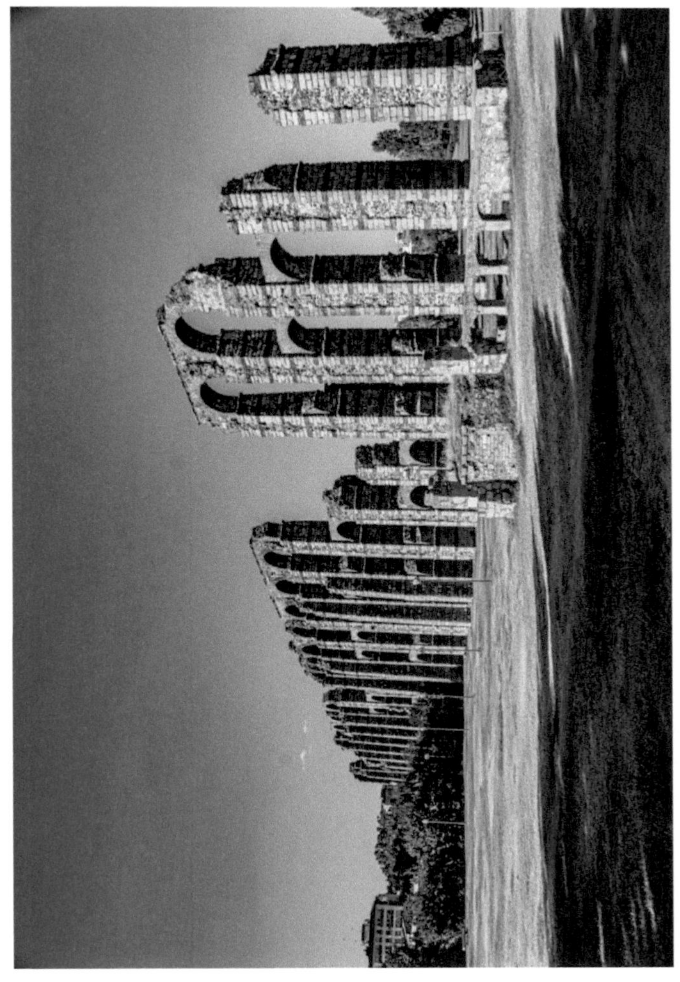

XIX. Iglesia el Salvador (Castilla y León)

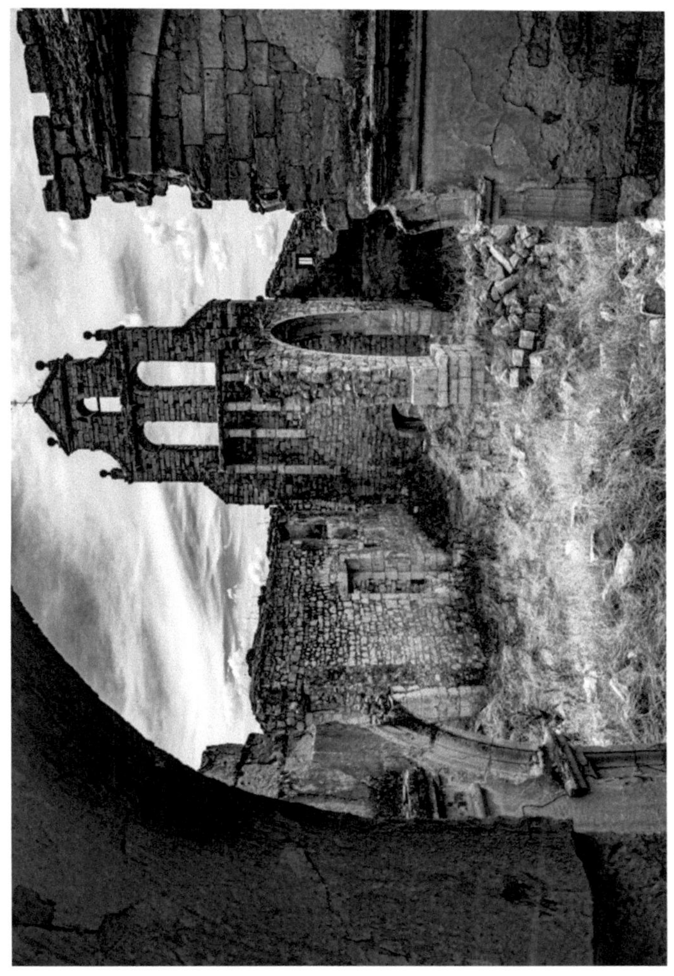

XX. Palacio de Cibeles (Madrid)

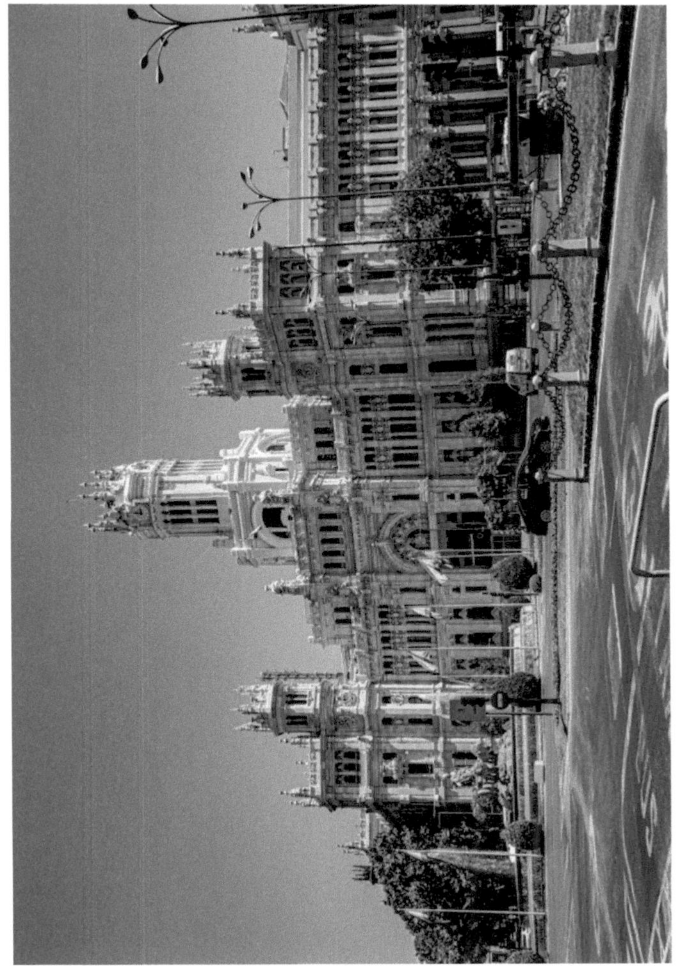

XXI. Puente San Martin (Castilla - La Mancha)

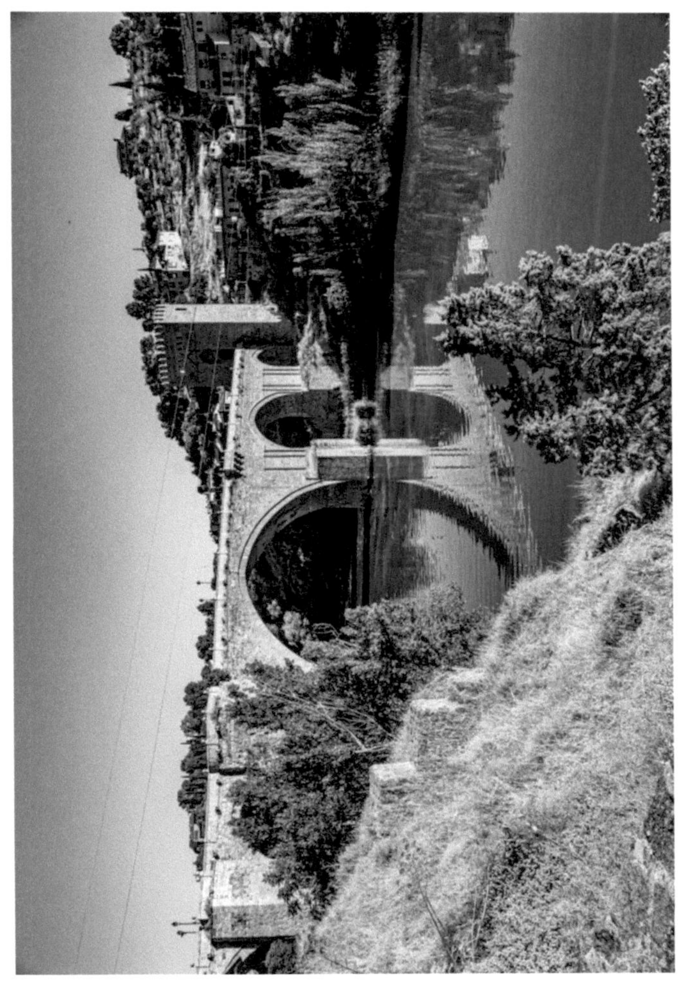

XXII. Iglesia de San Francisco Javier (Extremadura).

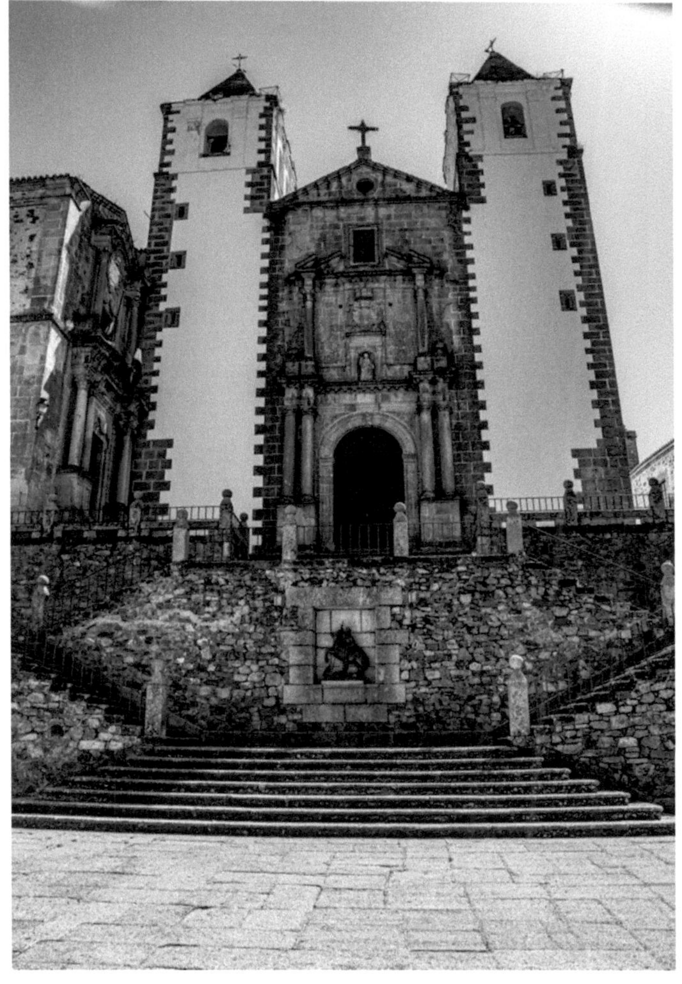

XXIII. Castillo de Almonacid (Castilla - La Mancha).

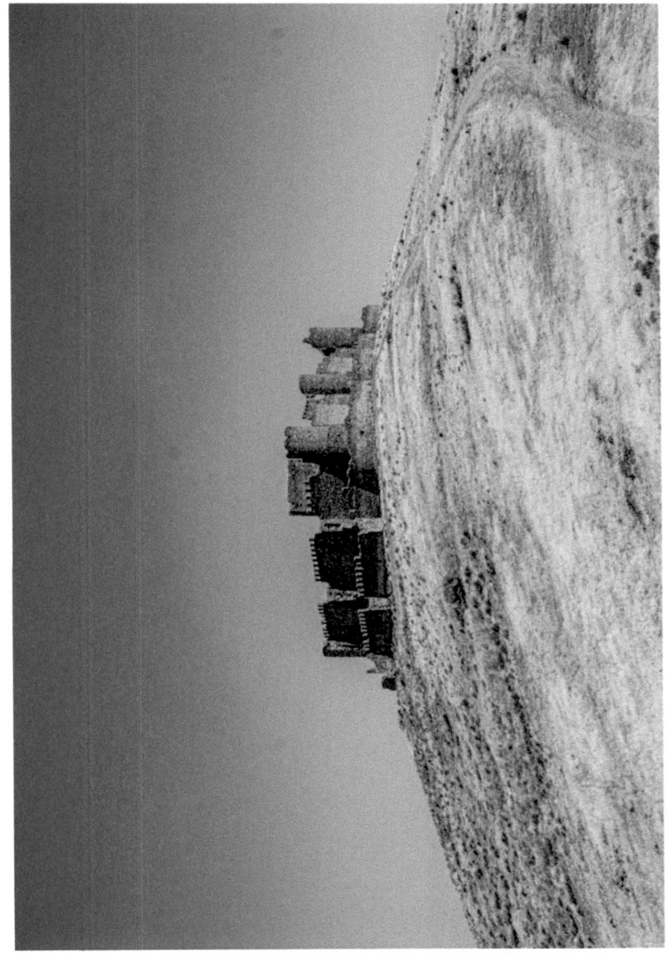

XXIV. Sisapo (Castilla - La Mancha).

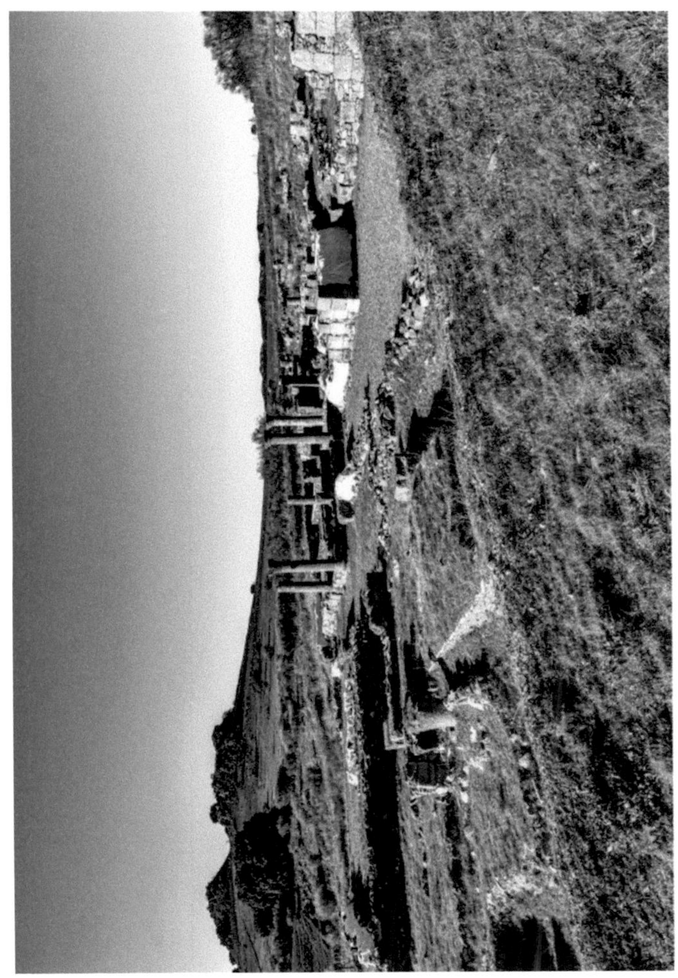

XV. Dolmen de Azután (Castilla - La Mancha).

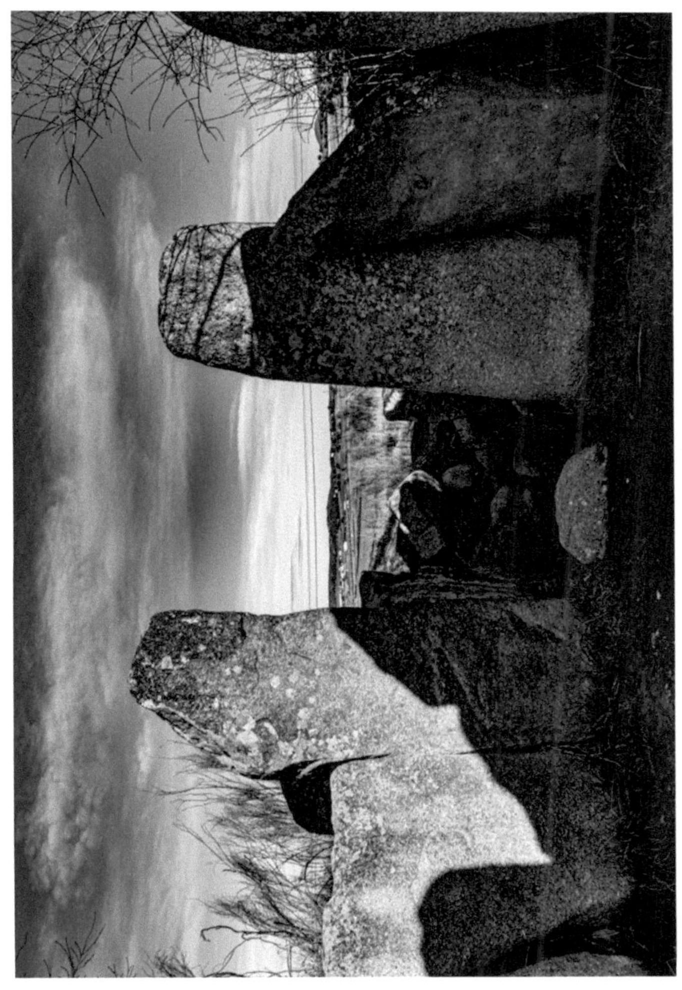

Agradecimientos

Llegados a este punto tengo que daros las gracias por todo el tiempo que me habéis regalado. He de confesar algo en esta memoria fotográfica, ni son todos los que están ni están todos lo que son y no me refiero a mi vida, me refiero a los dos últimos años de ésta ya que, estas fotografías se han realizado en poco más de dos años.

Ahora solo me queda despedirme realizando dos dedicatorias en lo que es mi primer libro. En primer lugar se lo dedico a mi coautor ________________________ al cual agradezco que realizase su parte manuscrita dando el verdadero valor y sentido haciendo único este libro y en segundo lugar a todas las personas que me acompañan o me han acompañado y me acompañarán en mi paso por la historia.

Les saluda un anónimo de la historia con nombres y apellidos que solo busca conservar la memoria.